政府工作報告

——2020 年 5 月 22 日在第十三屆
全國人民代表大會第三次會議上

李 克 強

政府工作報告

—— 2020 年 5 月 22 日在第十三屆
全國人民代表大會第三次會議上

李 克 強

出　　版　三聯書店（香港）有限公司
　　　　　香港北角英皇道 499 號北角工業大廈 20 樓

發　　行　香港聯合書刊物流有限公司
　　　　　香港新界大埔汀麗路 36 號 3 字樓

印　　刷　美雅印刷製本有限公司
　　　　　香港九龍觀塘榮業街 6 號 4 樓 A 室

版　　次　2020 年 6 月香港第一版第一次印刷

規　　格　特 16 開（148 mm × 210 mm）32 面

國際書號　ISBN 978-962-04-4682-5

目　錄

第十三屆全國人民代表大會第三次會議關於政府工作報告的決議

（2020 年 5 月 28 日第十三屆全國
人民代表大會第三次會議通過）

　　第十三屆全國人民代表大會第三次會議聽取和審議了國務院總理李克強所作的政府工作報告。會議充分肯定國務院過去一年多的工作，同意報告提出的 2020 年經濟社會發展的總體要求、主要目標和重點任務，決定批准這個報告。

　　會議號召，全國各族人民更加緊密地團結在以習近平同志為核心的黨中央周圍，高舉中國特色社會主義偉大旗幟，以習近平新時代中國特色社會主義思想為指導，全面貫徹黨的十九大和十九屆二中、三中、四中全會精神，堅決貫徹黨的基本理論、基本路綫、基本方略，增強"四個意識"、堅定"四個自信"、做到"兩個維護"，緊扣全面建成小康社會目標任務，統籌推進疫情防控和經濟社會發展工作，在疫情防控常態化前提下，堅持穩中求進工作總基調，堅持新發展理念，堅持以供給側結構性改革為主綫，堅持以改革開放為動力推動高質量發展，堅決打好三大攻堅戰，加大"六穩"工作力度，全面落實"六保"任務，堅定實施擴大內需戰略，維護經濟發展和社會穩定大局，同心協力，攻堅克難，銳意進取，確保完成決戰決勝脫貧攻堅目標任務，全面建成小康社會。

政府工作報告

—— 2020 年 5 月 22 日在第十三屆全國
人民代表大會第三次會議上

國務院總理　李克強

各位代表：

現在，我代表國務院，向大會報告政府工作，請予審議，並請全國政協委員提出意見。

這次新冠肺炎疫情，是新中國成立以來我國遭遇的傳播速度最快、感染範圍最廣、防控難度最大的重大突發公共衛生事件。在以習近平同志為核心的黨中央堅強領導下，經過全國上下和廣大人民群眾艱苦卓絕努力並付出犧牲，疫情防控取得重大戰略成果。當前，疫情尚未結束，發展任務異常艱巨。要努力把疫情造成的損失降到最低，努力完成今年經濟社會發展目標任務。

一、2019年和今年以來工作回顧

去年，我國發展面臨諸多困難挑戰。世界經濟增長低迷，國際經貿摩擦加劇，國內經濟下行壓力加大。以習近平同志為核心的黨中央團結帶領全國各族人民攻堅克難，完成全年主要目標任務，為全面建成小康社會打下決定性基礎。

——經濟運行總體平穩。國內生產總值達到99.1萬億元，增長6.1%。城鎮新增就業1352萬人，調查失業率在5.3%以下。居民消費價格上漲2.9%。國際收支基本平衡。

——經濟結構和區域佈局繼續優化。社會消費品零售總額超過40萬億元，消費持續發揮主要拉動作用。先進製造業、現代服務業較快增長。糧食產量1.33萬億斤。常住人口城鎮化率首次超過60%，重大區域戰略深入實施。

——發展新動能不斷增強。科技創新取得一批重大成果。新興產業持續壯大，傳統產業加快升級。大眾創業萬眾創新深入開展，企業數量日均淨增1萬戶以上。

——改革開放邁出重要步伐。供給側結構性改革繼續深化，重要領域改革取得新突破。減稅降費2.36萬億元，超過原定的近 2 萬億元規模，製造業和小微企業受益最多。政府機構改革任務完成。"放管服"改革縱深推進。設立科創板。共建"一帶一路"取得新成效。出台外商投資法實施條例，增設上海自貿試驗區新片區。外貿外資保持穩定。

——三大攻堅戰取得關鍵進展。農村貧困人口減少 1109 萬，貧困發生率降至 0.6%，脫貧攻堅取得決定性成就。污染防治持續推進，主要污染物排放量繼續下降，生態環境總體改善。金融運行總體平穩。

——民生進一步改善。居民人均可支配收入超過 3 萬元。基本養老、醫療、低保等保障水平提高。城鎮保障房建設和農村危房改造深入推進。義務教育階段學生生活補助人數增加近 40%，高職院校擴招 100 萬人。

我們隆重慶祝中華人民共和國成立 70 週年，極大激發全國各族人民的愛國熱情，匯聚起奪取新時代中國特色社會主義偉大勝利的磅礡力量。

我們加強黨風廉政建設，扎實開展"不忘初心、牢記使命"主題教育，嚴格落實中央八項規定精神，持續糾治"四風"，為基層鬆綁減負。

中國特色大國外交成果豐碩。成功舉辦第二屆"一帶一路"國際合作高峰論壇等重大主場外交活動，習近平主席等黨和國家領導人出訪多國，出席二十國集團領導人峰會、金磚國家領導人會晤、亞信峰會、上海合作組織峰會、東亞合作領導人系列會議、中歐領導人會晤、中日韓領導人會晤等重大活動。積極參與全球治理體系建設和改革，推動構建人類命運共同體。經濟外交、人文交流卓有成效。中國為促進世界和平與發展作出了重要貢獻。

各位代表！

新冠肺炎疫情發生後，黨中央將疫情防控作為頭等大事來抓，習近平總書記親自指揮、親自部署，堅持把人民生命安全和身體健康放在第一位。在黨中央領導下，中央應對疫情工作領導小組及時研究部署，中央指導組加強指導督導，國務院聯防聯控機制統籌協調，各地區各部門履職盡責，社會各方面全力支持，開展了疫情防控的人民戰爭、總體戰、阻擊戰。廣大醫務人員英勇奮戰，人民解放軍指戰員勇挑重擔，科技工作者協同攻關，社區工作者、公安幹警、基層幹部、新聞工作者、志願者堅守崗位，快遞、環衛、抗疫物資生產運輸人員不辭勞苦，億萬普通勞動者默默奉獻，武漢人民、湖北人民堅韌不拔，社會各界和港澳台同胞、海外僑胞捐款捐物。中華兒女風雨同舟、守望相助，築起了抗擊疫情的巍峨長城。

在疫情防控中，我們按照堅定信心、同舟共濟、科學防治、精準施策的總要求，抓緊抓實抓細各項工作。及時採取應急舉措，對新冠肺炎實行甲類傳染病管理，各地啟動重大突發公共衛生事件一級響應。堅決打贏武漢和湖北保衛戰並取得決定性成果，通過果斷實施嚴格管控措施，舉全國之力予以支援，調派 4 萬多名醫護人員馳援，建設火神山、雷神山醫院和方艙醫院，快速擴充收治床位，優先保障醫用物資，不斷優化診療方案，堅持中西醫結合，堅持"四集中"，全力救治患者，最大程度提高治癒率、降低病亡率。延長全國春節假期，推遲開學、靈活復工、錯峰出行，堅持群防群控，堅持"四早"，堅決控制傳染源，有效遏制疫情蔓延。加強藥物、疫苗和檢測試劑研發。迅速擴大醫用物資生產，短時間內大幅增長，抓好生活必需品保供穩價，保障交通幹綫暢通和煤電油氣供應。因應疫情變化，適時推進常態化防控。針對境外疫情蔓延情況，及時構建外防輸入體系，加強對境外我國公民的關心關愛。積極開展國際合作，本著公開、透明、負責任態度，及時通報疫情信息，主動分享防疫技術和做法，相互幫助、共同抗疫。

對我們這樣一個擁有 14 億人口的發展中國家來說，能在較短時間內有效控制疫情，保障了人民基本生活，十分不易、成之惟艱。我們也付出巨大代價，一季度經濟出現負增長，生產生活秩序受到衝擊，但生命至上，這是必須承受也是值得付出的代價。我們統籌推進疫情防控和經濟社會發展，不失時機推進復工復產，推出8個方面90項政策措施，實施援企穩崗，減免部分稅費，免收所有收費公路通行費，降低用能成本，發放貼息貸款。按程序提前下達地方政府債務限額。不誤農時抓春耕。不懈推進脫貧攻堅。發放抗疫一綫和困難人員補助，將價格臨時補貼標準提高1倍。這些政策使廣大人民群眾從中受益，及時有效促進了保供穩價和復工復產，我國經濟表現出堅強韌性和巨大潛能。

各位代表！

去年以來經濟社會發展和今年疫情防控取得的成績，是以習近平同志為核心的黨中央堅強領導的結果，是習近平新時代中國特色社會主義思想科學指引的結果，是全黨全軍全國各族人民團結奮鬥的結果。我代表國務院，向全國各族人民，向各民主黨派、各人民團體和各界人士，表示誠摯感謝！向香港特別行政區同胞、澳門特別行政區同胞、台灣同胞和海外僑胞，表示誠摯感謝！向關心支持中國現代化建設和抗擊疫情的各國政府、國際組織和各國朋友，表示誠摯感謝！

在肯定成績的同時，我們也清醒看到面臨的困難和問題。受全球疫情衝擊，世界經濟嚴重衰退，產業鏈供應鏈循環受阻，國際貿易投資萎縮，大宗商品市場動盪。國內消費、投資、出口下滑，就業壓力顯著加大，企業特別是民營企業、中小微企業困難凸顯，金融等領域風險有所積聚，基層財政收支矛盾加劇。政府工作存在不足，形式主義、官僚主義仍較突出，少數幹部不擔當、不作為、不會為、亂作為。一些領域腐敗問題多發。在疫情防控中，公共衛生應急管理等方面暴露出不少薄弱環節，群眾還有一些意見和建議應予重視。我們一定要努力改進工作，切實履行職責，盡心竭力不辜負人民的期待。

二、今年發展主要目標和下一階段工作總體部署

做好今年政府工作，要在以習近平同志為核心的黨中央堅強領導下，以習近平新時代中國特色社會主義思想為指導，全面貫徹黨的十九大和十九屆二中、三中、四中全會精神，堅決貫徹黨的基本理論、基本路線、基本方略，增強"四個意識"、堅定"四個自信"、做到"兩個維護"，緊扣全面建成小康社會目標任務，統籌推進疫情防控和經濟社會發展工作，在疫情防控常態化前提下，堅持穩中求進工作總基調，堅持新發展理念，堅持以供給側結構性改革為主線，堅持以改革開放為動力

推動高質量發展，堅決打好三大攻堅戰，加大"六穩"工作力度，保居民就業、保基本民生、保市場主體、保糧食能源安全、保產業鏈供應鏈穩定、保基層運轉，堅定實施擴大內需戰略，維護經濟發展和社會穩定大局，確保完成決戰決勝脫貧攻堅目標任務，全面建成小康社會。

當前和今後一個時期，我國發展面臨風險挑戰前所未有，但我們有獨特政治和制度優勢、雄厚經濟基礎、巨大市場潛力，億萬人民勤勞智慧。只要直面挑戰，堅定發展信心，增強發展動力，維護和用好我國發展重要戰略機遇期，當前的難關一定能闖過，中國的發展必將充滿希望。

綜合研判形勢，我們對疫情前考慮的預期目標作了適當調整。今年要優先穩就業保民生，堅決打贏脫貧攻堅戰，努力實現全面建成小康社會目標任務；城鎮新增就業 900 萬人以上，城鎮調查失業率 6% 左右，城鎮登記失業率 5.5% 左右；居民消費價格漲幅 3.5% 左右；進出口促穩提質，國際收支基本平衡；居民收入增長與經濟增長基本同步；現行標準下農村貧困人口全部脫貧、貧困縣全部摘帽；重大金融風險有效防控；單位國內生產總值能耗和主要污染物排放量繼續下降，努力完成"十三五"規劃目標任務。

需要說明的是，我們沒有提出全年經濟增速具體目標，主要因為全球疫情和經貿形勢不確定性很大，我國發展面臨一些難以預料的影響因素。這樣做，有利於引導各方面集中精力抓好“六穩”、“六保”。“六保”是今年“六穩”工作的著力點。守住“六保”底綫，就能穩住經濟基本盤；以保促穩、穩中求進，就能為全面建成小康社會夯實基礎。要看到，無論是保住就業民生、實現脫貧目標，還是防範化解風險，都要有經濟增長支撐，穩定經濟運行事關全局。要用改革開放辦法，穩就業、保民生、促消費，拉動市場、穩定增長，走出一條有效應對衝擊、實現良性循環的新路子。

積極的財政政策要更加積極有為。今年赤字率擬按3.6% 以上安排，財政赤字規模比去年增加 1 萬億元，同時發行 1 萬億元抗疫特別國債。這是特殊時期的特殊舉措。上述 2 萬億元全部轉給地方，建立特殊轉移支付機制，資金直達市縣基層、直接惠企利民，主要用於保就業、保基本民生、保市場主體，包括支持減稅降費、減租降息、擴大消費和投資等，強化公共財政屬性，決不允許截留挪用。要大力優化財政支出結構，基本民生支出只增不減，重點領域支出要切實保障，一般性支出要堅決壓減，嚴禁新建樓堂館所，嚴禁鋪張浪費。各級政府必須真正過緊日子，中央政府要帶頭，中央本級支出安排負增長，其中非急需非剛性支出壓減 50% 以上。各類結餘、沉澱資金要應收盡收、重新安排。要大力提質增效，各項支出務必精打細算，一定要把每一筆錢都用在刀刃上、緊要處，一定要讓市場主體和人民群眾有真真切切的感受。

穩健的貨幣政策要更加靈活適度。綜合運用降準降息、再貸款等手段，引導廣義貨幣供應量和社會融資規模增速明顯高於去年。保持人民幣匯率在合理均衡水平上基本穩定。創新直達實體經濟的貨幣政策工具，務必推動企業便利獲得貸款，推動利率持續下行。

就業優先政策要全面強化。財政、貨幣和投資等政策要聚力支持穩就業。努力穩定現有就業，積極增加新的就業，促進失業人員再就業。各地要清理取消對就業的不合理限制，促就業舉措要應出盡出，拓崗位辦法要能用盡用。

脫貧是全面建成小康社會必須完成的硬任務，要堅持現行脫貧標準，增加扶貧投入，強化扶貧舉措落實，確保剩餘貧困人口全部脫貧，健全和執行好返貧人口監測幫扶機制，鞏固脫貧成果。要打好藍天、碧水、淨土保衛戰，實現污染防治攻堅戰階段性目標。加強金融等領域重大風險防控，堅決守住不發生系統性風險底綫。

今年已過去近 5 個月，下一階段要毫不放鬆常態化疫情防控，抓緊做好經濟社會發展各項工作。出台的政策既保持力度又考慮可持續性，根據形勢變化還可完善，我們有決心有能力完成全年目標任務。

三、加大宏觀政策實施力度，
著力穩企業保就業

保障就業和民生，必須穩住上億市場主體，盡力幫助企業特別是中小微企業、個體工商戶渡過難關。

加大減稅降費力度。強化階段性政策，與制度性安排相結合，放水養魚，助力市場主體紓困發展。繼續執行去年出台的下調增值稅稅率和企業養老保險費率政策，新增減稅降費約 5000 億元。前期出台 6 月前到期的減稅降費政策，包括免徵中小微企業養老、失業和工傷保險單位繳費，減免小規模納稅人增值稅，免徵公共交通運輸、餐飲住宿、旅遊娛樂、文化體育等服務增值稅，減免民航發展基金、港口建設費，執行期限全部延長到今年年底。小微企業、個體工商戶所得稅繳納一律延緩到明年。預計全年為企業新增減負超過 2.5 萬億元。要堅決把減稅降費政策落到企業，留得青山，贏得未來。

推動降低企業生產經營成本。降低工商業電價 5%

政策延長到今年年底。寬帶和專綫平均資費降低 15%。減免國有房產租金，鼓勵各類業主減免或緩收房租，並予政策支持。堅決整治涉企違規收費。

強化對穩企業的金融支持。中小微企業貸款延期還本付息政策再延長至明年 3 月底，對普惠型小微企業貸款應延盡延，對其他困難企業貸款協商延期。完善考核激勵機制，鼓勵銀行敢貸、願貸、能貸，大幅增加小微企業信用貸、首貸、無還本續貸，利用金融科技和大數據降低服務成本，提高服務精準性。大幅拓展政府性融資擔保覆蓋面並明顯降低費率。大型商業銀行普惠型小微企業貸款增速要高於 40%。促進涉企信用信息共享。支持企業擴大債券融資。加強監管，防止資金"空轉"套利，打擊惡意逃廢債。金融機構與貸款企業共生共榮，鼓勵銀行合理讓利。為保市場主體，一定要讓中小微企業貸款可獲得性明顯提高，一定要讓綜合融資成本明顯下降。

千方百計穩定和擴大就業。加強對重點行業、重點群體就業支持。今年高校畢業生達 874 萬人，要促進市場化社會化就業，高校和屬地政府都要提供不斷綫的就業服務，擴大基層服務項目招聘。做好退役軍人安置和就業保障。實行農民工在就業地平等享受就業服務政策。幫扶殘疾人、零就業家庭等困難群體就業。我國包括零工在內的靈活就業人員數以億計，今年對低收入人員實行社保費自願緩繳政策，涉及就業的行政事業性收費全部取消，合理設定流動攤販經營場所。資助以訓穩崗拓崗，加強面向市場的技能培訓，鼓勵以工代訓，共建共享生產性實訓基地，今明兩年職業技能培訓 3500 萬人次以上，高職院校擴招 200 萬人，要使更多勞動者長技能、好就業。

四、依靠改革激發市場主體活力，增強發展新動能

困難挑戰越大，越要深化改革，破除體制機制障礙，激發內生發展動力。

深化"放管服"改革。在常態化疫情防控下，要調整措施、簡化手續，促進全面復工復產、復市復業。推動更多服務事項一網通辦，做到企業開辦全程網上辦理。放寬小微企業、個體工商戶登記經營場所限制，便利各類創業者註冊經營、及時享受扶持政策。支持大中小企業融通發展。完善社會信用體系。以公正監管維護公平競爭，持續打造市場化、法治化、國際化營商環境。

推進要素市場化配置改革。推動中小銀行補充資本

和完善治理，更好服務中小微企業。改革創業板並試點註冊制，發展多層次資本市場。強化保險保障功能。賦予省級政府建設用地更大自主權。促進人才流動，培育技術和數據市場，激活各類要素潛能。

提升國資國企改革成效。實施國企改革三年行動。健全現代企業制度，完善國資監管體制，深化混合所有制改革。基本完成剝離辦社會職能和解決歷史遺留問題。國企要聚焦主責主業，健全市場化經營機制，提高核心競爭力。

優化民營經濟發展環境。保障民營企業平等獲取生產要素和政策支持，清理廢除與企業性質掛鈎的不合理規定。限期完成清償政府機構、國有企業拖欠民營和中小企業款項的任務。構建親清政商關係，促進非公有制經濟健康發展。

推動製造業升級和新興產業發展。支持製造業高質量發展。大幅增加製造業中長期貸款。發展工業互聯網，推進智能製造，培育新興產業集群。發展研發設計、現代物流、檢驗檢測認證等生產性服務業。電商網購、在綫服務等新業態在抗疫中發揮了重要作用，要繼續出台支持政策，全面推進"互聯網+"，打造數字經濟新優勢。

提高科技創新支撐能力。穩定支持基礎研究和應用基礎研究，引導企業增加研發投入，促進產學研融通創新。加快建設國家實驗室，重組國家重點實驗室體系，發展社會研發機構，加強關鍵核心技術攻關。發展民生科技。深化國際科技合作。加強知識產權保護。改革科技成果轉化機制，暢通創新鏈，營造鼓勵創新、寬容失敗的科研環境。實行重點項目攻關"揭榜掛帥"，誰能幹就讓誰幹。

深入推進大眾創業萬眾創新。發展創業投資和股權投資，增加創業擔保貸款。深化新一輪全面創新改革試驗，新建一批雙創示範基地，堅持包容審慎監管，發展平台經濟、共享經濟，更大激發社會創造力。

五、實施擴大內需戰略，推動經濟
　　發展方式加快轉變

我國內需潛力大，要深化供給側結構性改革，突出民生導向，使提振消費與擴大投資有效結合、相互促進。

推動消費回升。通過穩就業促增收保民生，提高居民消費意願和能力。支持餐飲、商場、文化、旅遊、家政等生活服務業恢復發展，推動綫上綫下融合。促進汽車消費，大力解決停車難問題。發展養老、托幼服務。

發展大健康產業。改造提升步行街。支持電商、快遞進農村，拓展農村消費。要多措並舉擴消費，適應群眾多元化需求。

擴大有效投資。今年擬安排地方政府專項債券 3.75 萬億元，比去年增加 1.6 萬億元，提高專項債券可用作項目資本金的比例，中央預算內投資安排 6000 億元。重點支持既促消費惠民生又調結構增後勁的 "兩新一重" 建設，主要是：加強新型基礎設施建設，發展新一代信息網絡，拓展 5G 應用，建設數據中心，增加充電樁、換電站等設施，推廣新能源汽車，激發新消費需求、助力產業升級。加強新型城鎮化建設，大力提升縣城公共設施和服務能力，以適應農民日益增加的到縣城就業安家需求。新開工改造城鎮老舊小區 3.9 萬個，支持管網改造、加裝電梯等，發展居家養老、用餐、保潔等多樣社區服務。加強交通、水利等重大工程建設。增加國家鐵路建設資本金 1000 億元。健全市場化投融資機制，支持民營企業平等參與。要優選項目，不留後遺症，讓投資持續發揮效益。

深入推進新型城鎮化。發揮中心城市和城市群綜合帶動作用，培育產業、增加就業。堅持房子是用來住的、不是用來炒的定位，因城施策，促進房地產市場平穩健康發展。完善便民、無障礙設施，讓城市更宜業宜居。

加快落實區域發展戰略。繼續推動西部大開發、東北全面振興、中部地區崛起、東部率先發展。深入推進京津冀協同發展、粵港澳大灣區建設、長三角一體化發展。推進長江經濟帶共抓大保護。編製黃河流域生態保護和高質量發展規劃綱要。推動成渝地區雙城經濟圈建設。促進革命老區、民族地區、邊疆地區、貧困地區加快發展。發展海洋經濟。

實施好支持湖北發展一攬子政策，支持保就業、保民生、保運轉，促進經濟社會秩序全面恢復。

提高生態環境治理成效。突出依法、科學、精準治污。深化重點地區大氣污染治理攻堅。加強污水、垃圾處置設施建設，推進生活垃圾分類。加快人口密集區危化品生產企業搬遷改造。壯大節能環保產業。嚴懲非法捕殺、交易、食用野生動物行為。實施重要生態系統保護和修復重大工程，促進生態文明建設。

保障能源安全。推動煤炭清潔高效利用，發展可再生能源，完善石油、天然氣、電力產供銷體系，提升能源儲備能力。

六、確保實現脫貧攻堅目標，
促進農業豐收農民增收

落實脫貧攻堅和鄉村振興舉措，保障重要農產品供給，提高農民生活水平。

堅決打贏脫貧攻堅戰。加大剩餘貧困縣和貧困村攻堅力度，對外出務工勞動力，要在就業地穩崗就業。開展消費扶貧行動，支持扶貧產業恢復發展。加強易地扶貧搬遷後續扶持。深化東西部扶貧協作和中央單位定點扶貧。強化對特殊貧困人口兜底保障。搞好脫貧攻堅普查。繼續執行對摘帽縣的主要扶持政策。接續推進脫貧與鄉村振興有效銜接，全力讓脫貧群眾邁向富裕。

著力抓好農業生產。穩定糧食播種面積和產量，提高復種指數，提高稻穀最低收購價，增加產糧大縣獎勵，大力防治重大病蟲害。支持大豆等油料生產。懲處違法違規侵佔耕地行為，新建高標準農田 8000 萬畝。培育推廣優良品種。完善農機補貼政策。深化農村改革。加強非洲豬瘟等疫病防控，恢復生豬生產，發展畜禽水產養殖。健全農產品流通體系。壓實"米袋子"省長負責制和"菜籃子"市長負責制。14 億中國人的飯碗，我們有能力也務必牢牢端在自己手中。

拓展農民就業增收渠道。支持農民就近就業創業，促進一二三產業融合發展，擴大以工代賑規模，讓返鄉農民工能打工、有收入。加強農民職業技能培訓。依法根治拖欠農民工工資問題。扶持適度規模經營主體，加強農戶社會化服務。支持農產品深加工。完善鄉村產業發展用地保障政策。增強集體經濟實力。增加專項債券投入，支持現代農業設施、飲水安全工程和人居環境整治，持續改善農民生產生活條件。

七、推進更高水平對外開放，
穩住外貿外資基本盤

面對外部環境變化，要堅定不移擴大對外開放，穩定產業鏈供應鏈，以開放促改革促發展。

促進外貿基本穩定。圍繞支持企業增訂單穩崗位保就業，加大信貸投放，擴大出口信用保險覆蓋面，降低進出口合規成本，支持出口產品轉內銷。加快跨境電商等新業態發展，提升國際貨運能力。推進新一輪服務貿易創新發展試點。籌辦好第三屆進博會，積極擴大進口，發展更高水平面向世界的大市場。

積極利用外資。大幅縮減外資准入負面清單，出台跨境服務貿易負面清單。深化經濟特區改革開放。賦予自貿試驗區更大改革開放自主權，在中西部地區增設自貿試驗區、綜合保稅區，增加服務業擴大開放綜合試點。加快海南自由貿易港建設。營造內外資企業一視同仁、公平競爭的市場環境。

高質量共建“一帶一路”。堅持共商共建共享，遵循市場原則和國際通行規則，發揮企業主體作用，開展互惠互利合作。引導對外投資健康發展。

推動貿易和投資自由化便利化。堅定維護多邊貿易體制，積極參與世貿組織改革。推動簽署區域全面經濟夥伴關係協定，推進中日韓等自貿談判。共同落實中美第一階段經貿協議。中國致力於加強與各國經貿合作，實現互利共贏。

八、圍繞保障和改善民生，推動社會事業改革發展

面對困難，基本民生的底綫要堅決兜牢，群眾關切的事情要努力辦好。

加強公共衛生體系建設。堅持生命至上，改革疾病預防控制體制，加強傳染病防治能力建設，完善傳染病直報和預警系統，堅持及時公開透明發佈疫情信息。用好抗疫特別國債，加大疫苗、藥物和快速檢測技術研發投入，增加防疫救治醫療設施，增加移動實驗室，強

化應急物資保障，強化基層衛生防疫。加快公共衛生人才隊伍建設。深入開展愛國衛生運動。普及衛生健康知識，倡導健康文明生活方式。要大幅提升防控能力，堅決防止疫情反彈，堅決守護人民健康。

提高基本醫療服務水平。居民醫保人均財政補助標準增加 30 元，開展門診費用跨省直接結算試點。對受疫情影響的醫療機構給予扶持。深化公立醫院綜合改革。發展"互聯網＋醫療健康"。建設區域醫療中心。提高城鄉社區醫療服務能力。推進分級診療。促進中醫藥振興發展，加強中西醫結合。構建和諧醫患關係。嚴格食品藥品監管，確保安全。

推動教育公平發展和質量提升。堅持立德樹人。有序組織中小學教育教學和中高考工作。加強鄉鎮寄宿制學校、鄉村小規模學校和縣城學校建設。完善隨遷子女義務教育入學政策。辦好特殊教育、繼續教育，支持和規範民辦教育。發展普惠性學前教育，幫助民辦幼兒園紓困。推動高等教育內涵式發展，推進一流大學和一流學科建設，支持中西部高校發展。擴大高校面向農村和貧困地區招生規模。發展職業教育。加強教師隊伍建設。推進教育信息化。要穩定教育投入，優化投入結構，縮小城鄉、區域、校際差距，讓教育資源惠及所有家庭和孩子，讓他們有更光明未來。

加大基本民生保障力度。上調退休人員基本養老金，提高城鄉居民基礎養老金最低標準。實現企業職工基本養老保險基金省級統收統支，提高中央調劑比例。全國近 3 億人領取養老金，必須確保按時足額發放。落實退役軍人優撫政策。做好因公殉職人員撫恤。擴大失業保險保障範圍，將參保不足 1 年的農民工等失業人員都納入常住地保障。完善社會救助制度。擴大低保保障範圍，對城鄉困難家庭應保盡保，將符合條件的城鎮失業和返鄉人員及時納入低保。對因災因病因殘遭遇暫時困難的人員，都要實施救助。要切實保障所有困難群眾基本生活，保民生也必將助力更多失業人員再就業敢創業。

豐富群眾精神文化生活。培育和踐行社會主義核心價值觀，發展哲學社會科學、新聞出版、廣播影視等事業。加強文物保護利用和非物質文化遺產傳承。加強公共文化服務，籌辦北京冬奧會、冬殘奧會，倡導全民健身和全民閱讀，使全社會充滿活力、向上向善。

加強和創新社會治理。健全社區管理和服務機制。加強鄉村治理。支持社會組織、人道救助、志願服務、慈善事業等健康發展。保障婦女、兒童、老人、殘疾人合法權益。完善信訪制度，加強法律援助，及時解決群眾合理訴求，妥善化解矛盾糾紛。開展第七次全國人口普查。加強國家安全能力建設。完善社會治安防控體系，依法打擊各類犯罪，建設更高水平的平安中國。

強化安全生產責任。加強洪澇、火災、地震等災害防禦，做好氣象服務，提高應急管理、搶險救援和防災減災能力。實施安全生產專項整治。堅決遏制重特大事故發生。

各位代表！

面對艱巨繁重任務，各級政府要自覺在思想上政治上行動上同以習近平同志為核心的黨中央保持高度一致，踐行以人民為中心的發展思想，落實全面從嚴治黨要求，堅持依法行政，建設法治政府，堅持政務公開，提高治理能力。要依法接受同級人大及其常委會的監督，自覺接受人民政協的民主監督，主動接受社會和輿論監督。強化審計監督。發揮好工會、共青團、婦聯等群團組織作用。政府工作人員要自覺接受法律、監察和人民監督。加強廉潔政府建設，堅決懲治腐敗。

各級政府要始終堅持實事求是，牢牢把握社會主義初級階段這個基本國情，遵循客觀規律，一切從實際出發，立足辦好自己的事。要大力糾治"四風"，力戒形式主義、官僚主義，把廣大基層幹部幹事創業的手腳從形式主義的束縛中解脫出來，為擔當者擔當，讓履職者盡責。要緊緊依靠人民群眾，尊重基層首創精神，以更大力度推進改革開放，激發社會活力，凝聚億萬群眾的智慧和力量，這是我們戰勝一切困難挑戰的底氣。廣大幹部應臨難不避、實幹為要，凝心聚力抓發展、保民生。只要我們始終與人民群眾同甘共苦、奮力前行，中國人民追求美好生活的願望一定能實現。

今年要編製好"十四五"規劃，為開啟第二個百年奮鬥目標新征程擘畫藍圖。

各位代表！

我們要堅持和完善民族區域自治制度，支持少數民族和民族地區加快發展，鑄牢中華民族共同體意識。全面貫徹黨的宗教工作基本方針，發揮宗教界人士和信教群眾在促進經濟社會發展中的積極作用。海外僑胞是祖國的牽掛，是聯通世界的重要橋樑，要發揮好僑胞僑眷的獨特優勢，不斷增強中華兒女凝聚力，同心共創輝煌。

去年以來，國防和軍隊建設取得重要進展，人民軍隊在疫情防控中展示了聽黨指揮、聞令而動、勇挑重擔的優良作風。要深入貫徹習近平強軍思想，深入貫徹新時代軍事戰略方針，堅持政治建軍、改革強軍、科技強軍、人才強軍、依法治軍。堅持黨對人民軍隊的絕對領導，嚴格落實軍委主席負責制。全力加強練兵備戰，堅定維護國家主權、安全、發展利益。打好軍隊建設發展

"十三五"規劃落實攻堅戰,編製軍隊建設"十四五"規劃。深化國防和軍隊改革,提高後勤和裝備保障能力,推動國防科技創新發展。完善國防動員體系,始終讓軍政軍民團結堅如磐石。

我們要全面準確貫徹"一國兩制"、"港人治港"、"澳人治澳"、高度自治的方針,建立健全特別行政區維護國家安全的法律制度和執行機制,落實特區政府的憲制責任。支持港澳發展經濟、改善民生,更好融入國家發展大局,保持香港、澳門長期繁榮穩定。

我們要堅持對台工作大政方針,堅持一個中國原則,在"九二共識"基礎上推動兩岸關係和平發展。堅決反對和遏制"台獨"分裂行徑。完善促進兩岸交流合作、深化兩岸融合發展、保障台灣同胞福祉的制度安排和政策措施,團結廣大台灣同胞共同反對"台獨"、促進統一,我們一定能開創民族復興的美好未來。

應對公共衛生危機、經濟嚴重衰退等全球性挑戰,各國應攜手共進。中國將同各國加強防疫合作,促進世界經濟穩定,推進全球治理,維護以聯合國為核心的國際體系和以國際法為基礎的國際秩序,推動構建人類命運共同體。中國堅定不移走和平發展道路,在擴大開放中深化與各國友好合作,中國始終是促進世界和平穩定與發展繁榮的重要力量。

各位代表！

中華民族向來不畏艱難險阻，當代中國人民有戰勝任何挑戰的堅定意志和能力。我們要更加緊密地團結在以習近平同志為核心的黨中央周圍，高舉中國特色社會主義偉大旗幟，以習近平新時代中國特色社會主義思想為指導，迎難而上，銳意進取，統籌推進疫情防控和經濟社會發展，努力完成全年目標任務，為把我國建設成為富強民主文明和諧美麗的社會主義現代化強國、實現中華民族偉大復興的中國夢不懈奮鬥！